Post voor zeeman

Annemarie Bon
tekeningen van Marijke van Veldhoven

Zwijsen

Saai

Floor heeft alles wat een kind wenst.
Ze woont op een klein land in zee.
Er zijn duinen en strand.
Verkeer is er haast niet.
Nu is de school dicht.
Je zou zeggen ...
Floor kan doen wat ze wil.
Wat wil een kind nog meer?
Toch is Floor niet blij.
Floor zit bij pap op schoot.
'Pap,' zegt Floor.
'Het is hier zo saai.
Het duin is wel mooi
Maar ik heb niks te doen.
Ik wou dat de school weer begon.
Of dat ik een zusje had.
Ik verveel me zo.
Ik heb geen maatje.'
Pap lacht naar Floor.
'Och, mijn kleine zeemeid.
Ik weet wel iets voor jou.
Kom fijn met me mee.

Dan gaan we de trap op.
Daar heel hoog zie je veel.
Daar zie je de lucht.
En de zee en de golven.
Soms vaart er een schip op zee.
Is het nacht?
Dan waarschuw ik dat schip.
Ik zwaai het licht hier rond.
Pas op, wil dat zeggen.
Vaar niet te dicht bij.
Dan loop je vast op de kust.
Kom met me mee.
Dan is het niet saai.'
Floor heeft geen zin.

'Voor jou is dat leuk, pap.
Voor mij is dat ook saai.
Ik ging al zo vaak met je mee.
Ik mis een maatje.
Maar een zusje is nog leuker.'
'Tja,' zegt pap.
'Een zusje?
Je weet maar nooit ...'
Pap lacht een beetje.
Waarom doet hij dat?
Floor loopt naar het strand.
Wie weet is daar wel een kind.
Maar nee, het strand is leeg
Het is er heel stil.
Dan ziet Floor iets.
In een geul ligt een schelp.
Wat is hij mooi!
Het is er zo een met een ruis.
Floor houdt hem aan haar oor.
Het is net of de schelp zingt:
Floor, Floor, Floor.

Post in een fles

'Ik ga weer naar het strand, mam,' zegt
Floor.
Ze zit met mam aan het ontbijt.
Pap is al weg.
'Ik ga weer naar de geul.
Wie weet vind ik weer een schelp.
Of zelfs wel een schat.

Stel dat er een schip is vergaan!'
'Nee, hoor,' lacht mam.
'Er vergaat hier geen schip.
Daar zorgt pap wel voor.
Die zwaait daar hoog zijn licht.'
Maar Floor doet wat ze wil.
'Ik ga jutten,' zegt ze stoer.

11

Ze stopt de schelp in haar zak.
Daar gaat ze, naar het strand.
Ze neemt haar kar mee.
Die is voor de schat.
Of voor wat ze maar vindt.
Floor loopt naar de geul toe.
Ze zoekt en zoekt.

Floor vindt heel veel:
Een stuk touw.
Een laars.
Zeewier.
Een stuk net.
Een pen.
Een krab.
Een oester.
Een mossel.
Een zeester.
Een kwal.
Het been van een pop.
Een leeg zakje van friet.

Een oude krant.
En een fles met een dop er op.
In de fles zit een brief.
Wat?
Een fles met een brief?
Floor doet snel de dop er af.
Ze haalt de brief er uit.

Dit leest Floor:

Hoi!
Jij kent me niet.
Maar ik ken jou wel.
Ik leef diep in de zee.
Ver weg in een grot.
Het is hier heel mooi.
Er zijn vissen in rood en groen en geel.
En heel veel bloemen.
In paars en blauw en rood.
Er is een oud schip.
Dat zonk ooit.
Alles is hier heel mooi.
Toch mis ik één ding.
Ik heb geen zusje.
Het is hier zo saai.
Ik verveel me rot.
Ik heb niks te doen.
Soms kom ik omhoog.
Naast het strand.
Ik zie jou dan staan.
Was jij maar mijn zusje!
Ik stuurde je een schelp.

Hoorde je je naam?
Schrijf mij eens een brief.
Dat lijkt me pas leuk!
O ja, ik heet Kim.
Kusjes van mij.

Floor leest de brief een keer.
En dan nog eens.
En nog eens.
Wel zes keer.
Dit is pas een schat!
Een brief van een meisje uit de zee.
Kim is een soort zeemeid.
Net als Floor zelf.
Maar Kim is een zeemeid in zee.
En Floor is een zeemeid aan land.

Post voor Kim

Floor heeft erg haar best gedaan.
Nu is haar brief klaar.
Een brief voor Kim in een fles.
Zou Kim de brief vinden?
Vast wel.
Dit staat er in de brief van Floor:

Hoi Kim,

Ik ben heel blij met je brief.
Ik heb net als jij geen zusje.
Ik woon in een klein land.
Hier is het ook mooi.
Er is duin en strand.
En gras en hei.
Er zijn bosjes en bloemen.
Er is een pad bij ons huis.
Maar één ding is jammer.
Het is hier zo saai.
Daarom ben ik blij met je brief.
Ik schrijf met een zeemeid.
Is dat nou niet leuk?

Schrijf jij me ook weer?
En nog dank voor de schelp!
Ik vind hem heel mooi.
Kusjes van Floor.

Floor pakt de fles.
Ze rolt de brief op.
En stopt hem er in.
Dan schroeft ze de dop vast.
Zo, dat is klaar.
'Ik ben weer weg, mam,' roept Floor
'Ik ga naar het strand.
Je ziet me straks weer.'
Floor neemt de kar niet mee.
Wat moet ze daar mee?
Ze hoeft geen schat meer.
Ze wil wel een brief.
Een brief van een zeemeid.
Was dat maar haar zus!

De geul is vol.
Floor laat de fles gaan.
Hij drijft naar de zee.
Floor kijkt en tuurt.
Wie weet ziet ze Kim wel.
Floor wacht een uur.
Ze ziet de fles niet meer.
Maar Kim zag ze ook niet.
Floor loopt naar huis.

Ze zucht.
'Stuur nog één keer een briefje.
Dan ben ik zo blij!'

Post voor Floor

Floor loopt door het duin.
De zon schijnt.
Er zijn al drie nachtjes voorbij.
Elke dag kijkt Floor bij de geul.
Steeds is er geen fles.
Woont Kim dan zo ver?
Of ging er iets mis?
Zou er nu een brief zijn?
Floor hoopt van wel.
Eerst ziet ze hem niet.
Ze ziet wel een voetstap.
Ze ziet er zelfs heel veel.
Ze lijken op die van een man.
Zo groot zijn ze.
Dan plots ziet ze de fles.
Ze gilt en ze danst.
Er zit weer een brief in!
Snel schroeft ze de dop los.
Dit is wat Floor leest:

23

Hoi Floor,

Dat is ook gek, zeg.
Jij woont heel mooi.
Maar toch is het niet leuk.
Ik woon heel mooi.
Maar toch is het niet leuk.
Jij vindt het saai.
En ik vind het saai.
Jij wilt een zusje.
En ik wil een zusje.
Wil jij niet mijn zusje zijn?
En ik die van jou?
Zou dat niet fijn zijn?
Maar één ding is lastig.
Jij woont aan land.
En ik woon in zee.
Jij kunt niet in zee zijn.
En ik niet aan land.
Toch is er een manier.
Heb jij nog die schelp?
Zeg daar mijn naam in.
Doe dat tien keer.
Gooi de schelp de zee in.

En doe dan je wens.
Wens ...
dat ik je zusje word.
Kusjes van Kim.

Floor graait in haar zak.
Daar heeft ze de schelp.
Ze roept in de schelp:
'Kim, Kim, Kim!'
Dat doet ze tien keer.
Dan gooit ze de schelp in zee.
Ze wenst zich een zusje.
En dat zusje heet Kim.

Een zusje voor Floor

Het is een week verder.
Dan roept mam Floor bij zich.
'Kom eens, mijn zeemeid.
Ik heb leuk nieuws.
Je zult vast blij zijn.
Jij wilt toch een zusje?
Jouw wens die komt uit.
Kijk, zie mijn buik eens.
En voel er eens aan.
Is die niet dik dan?
Is die niet rond?
In mijn buik zit een kindje.
Een broertje of zusje.
Wat vind je daarvan?'
Floor klapt in haar handen.
'Dat is leuk nieuws.
Dat was mijn wens!
Maar weet je, mama?
Het is geen broertje.
Dat weet ik zo wel.
In jouw buik zit een meisje.
En haar naam is Kim!'

Serie 10 • bij kern 10 van Veilig leren lezen

Mart en Roel

Brigitte Minne en Rosemarie de Vos

De schat

Annemiek Neefjes en Tineke Meirink

Bonny Big is ... bang!

Selma Noort en Irma Ruifrok

Krijg nou wat!

Rindert Kromhout en Jan Jutte

Marleen

Maria van Eeden en Mark Janssen

Ik wil mijn tand!

Daniëlle Schothorst

Soep met rijm

Truus van de Waarsenburg en Ina Hallemans

Post voor een zeemeid

Annemarie Bon en Marijke van Veldhoven

STICHTING NEDERLANDSE
KINDERJURY
2006

ISBN 90.276.6051.4
NUR 287

Vormgeving: Rob Galema

1e druk 2005
© 2005 Tekst: Annemarie Bon
Illustraties: Marijke van Veldhoven
Uitgeverij Zwijsen B.V. Tilburg

Voor België:
Zwijsen-Infoboek, Meerhout
D/2005/1919/247